Filigrane Ideen fürs ganze Jahr

Der altbekannte Scherenschnitt bietet ein breites Spektrum an Variationen. In diesem Buch zeige ich Ihnen den bekannten Scherenschnitt mal von einer ganz anderen Seite. Nicht in klassischem Schwarz sondern farbenfroh, pfiffig oder stilvoll und beeindruckend schlicht.

Lassen Sie sich durch das Jahr begleiten mit interessanten Dekorationsvorschlägen, Grußkarten, kleinen Geschenken und vielem mehr.

Viel Spaß und Erfolg für Ihre filigranen Schnitte mit buntem Papier wünscht

Die Motive lassen sich in folgende Schwierigkeitsgrade unterteilen:
○ ○ ○ einfach   ○ ○ ○ etwas schwieriger   ○ ○ ○ anspruchsvoll

ALLGEMEINE HILFSMITTEL UND MATERIALIEN

- Schere
- Cutter mit Schneideunterlage
- Lochzange
- Lineal/ Geodreieck®
- weicher und harter Bleistift
- UHU Alleskleber
- Transparentpapier
- Büroklammern
- Holzperlen, ø 5 mm bis ø 6 mm
- Nadel und Faden
- Satinband
- Tonkarton, 220 g/m^2
- Ton- und Briefpapier
- Transparentpapier
- Regenbogen-Transparentpapier
- Elefantenhaut-Papier
- Maulbeerpapier
- Gelstift in Silber

Schritt für Schritt erklärt

Die hier gezeigten Arbeitsschritte wiederholen sich mit kleinen Abwandlungen, deshalb werden sie nicht bei jeder Arbeit nochmals ausführlich beschrieben.

1. Abpausen

Das Motiv mit einem weichen Bleistift vom Vorlagenbogen auf Transparentpapier abzeichnen. Die übereinander gelegten Papiere werden mit Büroklammern festgehalten.

2. Übertragen

Papier wenden und mit einem harten Bleistift auf das angegebene Papier übertragen. Der Bleistiftgraphit überträgt sich auf das darunter liegende Papier.

3. Motive ausschneiden

Filigrane Schnitte werden mit dem Cutter ausgeführt, bzw. nach einem kleinen Einschnitt mit der Schere weitergearbeitet. Während des Schneidens bleibt die Hand, die die Schere führt, ruhig. Die andere, freie Hand bewegt das Papier nach der vorgezeichneten Linie. Beim Schneiden nie an verschiedenen Stellen gleichzeitig beginnen, da das Papier sonst seine Stabilität verliert und sich nur noch schwer handhaben lässt.

4. Doppelte Motive ausschneiden

Mobile-Motive und z. B. Anhänger werden mit doppeltem Papier gearbeitet, d. h. zwei gleiche Papiere aufeinanderlegen und dann zuschneiden.
Hier fixiert man die Papiere allerdings zuvor an mehreren äußeren Stellen mit Klebstoff und kann dann, ohne dass die Arbeit verrutscht, Messer und Schere benutzen. Es wird von innen nach außen gearbeitet, damit die Klebestellen bis zur Fertigstellung den gewünschten Halt geben.

Faltschnitt

Das Papier wird gefaltet und nur eine Motivhälfte übertragen, sodass die Faltkante die Mittelachse der Arbeit bildet. Aufgeklappt entsteht ein symmetrischer Scherenschnitt. Der Faltschnitt wird erst aufgeklappt, wenn er fertig geschnitten ist.

Lochzange benützen

Kordel oder Faden für das Mobile dazwischenkleben bzw. Kordel durch die vorgesehenen Löchern (Lochzange) fädeln. Augen immer mit der Lochzange ausstanzen.

Tipp: Alle gezeigten Motive sind nur Farbvorschläge. Verwenden Sie ruhig andere Farbkombinationen. Karten können Sie sehr schön mit einem Gelstift in Silber beschriften.

Hinweis: Papiere, die kleiner als A5 sind, werden als Reste bezeichnet.

Osterkarte

→ **Fröhliche Ostern**

1 Das "O" vom Vorlagenbogen abpausen, auf die Rückseite des Kartendeckblattes übertragen. Dabei darauf achten, dass die Kartenmitte gewählt wird, und ausschneiden.

2 Hier zunächst mit dem Cutter ansetzen und dann mit der Schere weiterarbeiten.

3 Gelbes Tonpapier falten und als Einlegepapier in die Karte legen. Die Mitte mit etwas Klebstoff fixieren.

4 Tulpen ebenfalls auf gelbes Tonpapier übertragen, ausschneiden und gemäß der Abbildung auf der Kartenvorderseite ankleben.

MOTIVGRÖSSE
Karte, C 6

MATERIAL
- Doppelkarte und Umschlag in Türkis, C6
- Tonpapier in Gelb, 22,8 cm x 16,2 cm (als Einlegepapier)
- Tonpapierrest in Gelb

VORLAGENBOGEN 1A

FRÜHJAHR/OSTERN

Geschenkanhänger

→ machen jedes Geschenk zu was Besonderem

1 Den Tonkarton auf die Größe 7,5 cm x 11 cm zuschneiden und falten.

2 Die einzelnen Motive arbeiten und aufkleben.

3 Dann die Anhänger öffnen, mit dem Cutter die kleinen Schnitte anbringen und mit der Lochzange innen auf der Rückseite des Anhängers ein Loch für die Kordel stanzen. Kordel anknoten.

MOTIVGRÖSSE
ca. 5,5 cm x 7,5 cm

MATERIAL
- Tonkartonreste in Grau, Rosa, Dunkelblau und Altrosa
- Tonpapierreste in Orange, Pink, Gelb und Blau
- Kordel in Gold, ø 1,5 mm, ca. 18 cm lang (pro Anhänger)

VORLAGENBOGEN 1A

Osterstraußanhänger

→ mal filigran am Maschendraht

MOTIVGRÖSSE
ca. 7 cm x 8 cm

MATERIAL
- Tonpapierreste in Rot, Gelb, Blau, Weiß, Schwarz, Hell- und Dunkelgrün
- Satinband in Gelb, 3 mm breit, ca. 20 cm lang (pro Anhänger)
- 2 Holzperlen in Natur, ø 5 mm bis 6 mm (pro Anhänger)

VORLAGEN-BOGEN 1A

Tulpenblüte/Korb

Motiv aus bereits doppelt geklebtem Tonpapier ausschneiden. Mit der Lochzange in der oberen Mitte ein Loch stanzen, Band doppelt nach vorne durchziehen, an beiden Enden eine Perle einfädeln und durch einen Knoten halten.

Küken

Ebenfalls doppeltes Tonpapier verwenden, aber erst zusammenkleben, wenn dazwischen das Band zum Aufhängen fixiert ist. Durch das Loch am unteren Rand ein kürzeres Band einfädeln und beide Enden mit einer Perle versehen.

Ostereier

Osterei aus einfachem Tonpapier ausschneiden. Die anderen Motive aus doppeltem Tonpapier anfertigen und nach Vorlage auf das Osterei aufkleben. Die Arbeit wenden und die Motive deckungsgleich anbringen. Band mit Perlen einfädeln. Den Schmetterling (Faltschnitt, Beschreibung s. Seite 3) an der Faltkante leicht ankleben.

FRÜHJAHR/OSTERN

Kikeriki

→ Guten Morgen

1 Das Osterei aus Regenbogenkarton doppelt anfertigen. Transparentpapier so zuschneiden und dazwischenkleben, dass es am Rand nicht sichtbar ist, d.h. ca. 1 cm kleiner arbeiten.

2 Den Hahn aus rotem Tonpapier arbeiten und auf das Transparentpapier aufkleben.

Tipp: Auf der Rückseite zunächst sichtbare Klebepunke sind am Fenster nicht zu erkennen. Mit etwas Übung können Sie den Hahn auch doppelt schneiden und deckungsgleich auf die Rückseite kleben.

MOTIVGRÖSSE
16,5 cm x 22 cm

MATERIAL
- Regenbogentonkarton, ca. 18 cm x 24 cm
- Regenbogentransparentpapier, ca. 16 cm x 22 cm
- Tonpapier in Rot, ca. 15 cm x 15 cm

VORLAGEN-BOGEN 1A

Lustige Tiere
→ in fröhlichem Weiß und Blau

1 Hahn und Henne einfach ausschneiden. Bänder in die zuvor mit der Lochzange gestanzten Löcher einbinden.

2 Für Hase und Gans die Motive doppelt ausschneiden. Bei der Gans das Band zum Aufhängen dazwischen kleben. Kleineres Band mit Perlen am Körper einfädeln.

3 Den Hasen mit einer Schleife und Perlen versehen.

MOTIVGRÖSSE
ca. 6 cm x 6 cm bzw. 8 cm x 10 cm

MATERIAL PRO MOTIV
- Tonkarton in Blau bzw. Weiß, 10 cm x 10 cm
- Satinband in Hellblau bzw. Gelb, 3 mm breit und 35 cm lang
- 2 Holzperlen in Natur, ø 5 mm bis 6 mm

VORLAGENBOGEN 1A

Clown

→ Hallo!

MOTIVGRÖSSE
29 cm lang

MATERIAL
- Tonpapier in Hellgrün und Türkis, A5
- Tonpapierreste in Blau, Orange und Gelb
- Faden in Weiß, ca. 50 cm lang

VORLAGEN-BOGEN 1B

1 Die Teile doppelt arbeiten, damit der Faden dazwischengeklebt werden kann. Zum Aufhängen sollten min. 25 cm Faden bleiben. Dann mit dem Hut beginnen und den Faden zwischen die deckungsgleichen Teile kleben. Gemäß Vorlagenbogen Kopf, Schleife, Arme und Beine anbringen.

2 Nach Fertigstellung am Hut, an der Nase und am Mund den sichtbaren Faden abschneiden.

Hallo, kleines Baby!

→ schönes Mobile

1 Die einzelnen Teile doppelt ausschneiden.

2 Den Faden für das Mobile dazwischenkleben, indem man mit dem oberen Teil beginnt und dann mit dem angegebenen Abstand Teil für Teil anbringt.

3 Zum Aufhängen sollten mindestens 25 cm Faden übrigbleiben.

4 Nachdem die Arbeit vollständig geklebt und getrocknet ist, den Faden nach dem Herz durchschneiden, damit sich das Herz am Mobile auch drehen kann.

MOTIVGRÖSSE
10 cm x 16 cm

MATERIAL
- Tonpapier in Hellblau bzw. Rosa, ca. 12 cm x 18 cm
- Faden in Weiß, 50 cm lang

VORLAGENBOGEN 1A

FAMILIENFESTE

Süße Tauf- oder Geburtskarten
→ für Jungen und Mädchen

1 Das jeweilige Motiv auf Tonpapier übertragen, ausschneiden und auf die Karte aufkleben.

2 Einlegepapier, A5, in der passenden Farbe falten und in die Karte einlegen.

MOTIVGRÖSSE
Karten, C6

MATERIAL
- Doppelkarte und Umschlag in Hellblau bzw. Rosa, C6
- Tonpapier in Hellblau bzw. Rosa, A5
- Tonpapierreste in Hellblau bzw. Rosa

VORLAGENBOGEN 1B

Zur Taufe
→ festliche Begrüßung

Karte

1 Den Kinderwagen vom Vorlagenbogen abpausen, auf die Rückseite des Kartendeckblattes übertragen und ausschneiden. Hier zunächst mit dem Cutter ansetzen und dann mit der Schere weiterarbeiten.

2 Rosa Tonpapier falten und als Einlegepapier in die Karte legen.

3 Satinband anbringen.

Tischkarte

1 Das Tischkärtchen kann man vorgefertigt kaufen oder selber zuschneiden (9 cm x 10 cm) und falten.

2 Nach Vorlage den Kinderwagen ausschneiden. Einen kleinen Schmetterling in der Technik des Faltschnitts (s. Seite 3) an der Faltkante ankleben und die Flügel etwas hochstellen.

Serviettenring

Den Serviettenring nach Vorlage zuschneiden, das Kinderwagen-Motiv arbeiten und ebenfalls mit einem kleinen Schmetterling versehen.

Tipp: Für einen Jungen verwenden Sie einfach blaues Tonpapier. Oder nehmen Sie statt den klassischen Farben Blau und Rosa Ihre Lieblingsfarbe.

MOTIVGRÖSSE
Karte, C6

MATERIAL
PRO KARTE
- Doppelkarte in Weiß, C6
- Tonpapier in Rosa, 22,8 cm x 16,2 cm (als Einlegepapier)
- Satinband in Weiß, 3 mm breit, 40 cm lang

PRO TISCHKARTE
- Tonkarton in Weiß, 9 cm x 10 cm
- Tonpapierrest in Rosa

PRO SERVIETTENRING
- Tonkartonrest in Weiß
- Tonpapierrest in Rosa

VORLAGENBOGEN 1B

FAMILIENFESTE

FAMILIENFESTE

Rote Rosen
→ stilvolle Feste

Menükarte

1 Die Karte öffnen und das Rosenmotiv auf die Rückseite des Deckblattes übertragen. Darauf achten, dass das Transparentpapier bündig am oberen und linken Kartenrand angelegt wird. Nach dem Übertragen ausschneiden.

2 Weißes Tonpapier, A4, zur Hälfte falten und einlegen.

Tischkarte

1 Rosenmotiv der Tischkarte wie Menükarte fertigen.

2 Beim Aufstellen ragt das Rosenmotiv über den Rand des Kärtchens hinaus.

Serviettenring

1 Serviettenring nach Vorlagenbogen übertragen und ausschneiden.

2 Um die Serviette legen und zusammenkleben.

Tipp: **Sie können die Tischkarte auch mit rotem Tonkarton und aufgeklebter weißer Rose arbeiten.**

MOTIVGRÖSSE
Karte, C5

**MATERIAL
PRO MENÜKARTE**
◆ Doppelkarte in Weinrot, C5
◆ Tonpapier in Weiß, A4

PRO TISCHKARTE
◆ Tonkarton in Weinrot, 9 cm x 10 cm

PRO SERVIETTENRING
◆ Tonkartonrest in Weinrot

VORLAGENBOGEN 1B

Kommunion und Konfirmation
→ ganz in Weiß

Karte

1 Die Kerze vom Vorlagenbogen abpausen, auf die Rückseite des Kartendeckblattes übertragen und ausschneiden. Hier zunächst mit dem Cutter ansetzen und dann mit der Schere weiterarbeiten.

2 Transparentpapier, A5, falten und als Einlegepapier in die Karte legen.

3 Satinband anbringen.

Tischkarte

1 Das Tischkärtchen gemäß dem Vorlagenbogen zuschneiden.

2 Die Kerze nach Vorlage zuschneiden und hinter die Flamme eine größere Flamme aus Transparentpapier kleben.

Serviettenring

1 Den Serviettenring nach Vorlage zuschneiden.

2 Das Kerzenmotiv arbeiten und ebenfalls mit einer Flamme aus Transparentpapier hinterkleben.

Tipp: Verwenden Sie etwas stärkeres Transparentpapier, evtl. auch farbiges.

MOTIVGRÖSSE
Karte, C 6

MATERIAL PRO KARTE
- Doppelkarte in Weiß, C6
- Transparentpapier in Weiß, A5
- Satinband in Weiß, 3 mm breit, 40 cm lang

PRO TISCHKARTE
- Tonkarton in Weiß, 10 cm x 10 cm
- Transparentpapierrest in Weiß

PRO SERVIETTENRING
- Tonkartonrest in Weiß
- Transparentpapierrest in Weiß

VORLAGENBOGEN 1B

FAMILIENFESTE

Taube

→ festlich in Blau

MOTIVGRÖSSE
Karte, C5

MATERIAL
PRO MENÜKARTE
- Doppelkarte in Blau, C5
- Tonpapier in Weiß, 16,2 cm x 22,9 cm (als Einlegepapier)
- Tonpapierrest in Weiß

PRO TISCHKARTE
- Tonkarton in Blau, 9 cm x 10 cm
- Tonpapierrest in Weiß

PRO SERVIETTENRING
- Tonkartonrest in Blau
- Tonpapierrest in Weiß

VORLAGENBOGEN 2A

Menükarte

1 Die Karte öffnen und das Deckblatt um 5,5 cm kürzen.

2 Die Beschriftung wird als Scherenschnitt gearbeitet und aufgeklebt.

3 Das blaue Herz ausschneiden und halbseitig auf das Kartendeckblatt kleben.

4 Um den linken Herzrand herum mit der Lochzange Löcher ausstanzen und das Herz mit zwei weißen Tauben schmücken.

5 Weißes Papier in der Mitte falten und einlegen.

Tischkarte

1 Das Tischkärtchen kann man vorgefertigt kaufen oder selber zuschneiden (9 cm x 10 cm) und falten.

2 Die Taube ausschneiden und auf die Tischkarte kleben. Die Flügel können etwas über den Rand hinausragen.

3 Mit der Lochzange gemäß der Vorlage die Löcher in die Tischkarte stanzen.

Serviettenring

1 Serviettenring nach Vorlagenbogen übertragen und ausschneiden.

2 Die Taube ausschneiden und aufkleben. Die Löcher mit einer Lochzange ausstanzen.

FAMILIENFESTE

Sonne

→ vier Jahreszeiten

1 Diese Arbeit besteht aus einzelnen kleinen aufgeklebten Scherenschnitten. Der Engel wird als Faltschnitt (s. Seite 3) gearbeitet.

2 Den Vorlagenbogen unter das Regenbogentransparentpapier legen und mit Büroklammern fixieren. So kann man leicht die Position der einzelnen Schnitte erkennen und sie aufkleben.

3 Die bunten Punkte mit der Lochzange ausstanzen und aufkleben.

4 Aus dem hellblauen Papier ein Passepartout schneiden. Der Ausschnitt beträgt 23 cm x 23 cm.

Tipp: Eine tolle Dekoration fürs ganze Jahr. In diesem Bild verstecken sich die vier Jahreszeiten.

MOTIVGRÖSSE
30 cm x 30 cm

MATERIAL
- Regenbogentransparentpapier, 30 cm x 30 cm
- Tonkarton in Hellblau, 30 cm x 30 cm
- Tonpapierreste in vielen verschiedenen Farben

VORLAGENBOGEN 2A

SOMMER/HERBST

Schmetterling, flieg!

→ schreib mal wieder

1 Tonkartonrest auf die Maße 5,5 cm x 9 cm zuschneiden und auf die Mitte der Karte kleben.

2 Einlegeblatt in Türkis falten und in die Karte einlegen.

3 Zwei Schmetterlinge als Faltschnitte (s. Seite 3) arbeiten und an der Faltkante ankleben. Flügel etwas hochstellen.

Tipp: Arbeiten Sie einige Schmetterlinge und schmücken damit einen duftenden Blumenstrauß.

MOTIVGRÖSSE
Karte, C6

VORLAGEN-BOGEN 1B

MATERIAL
- Doppelkarte in Blau, C6
- Tonpapier in Türkis, 22,8 cm x 16,2 cm (als Einlegepapier)
- Tonkartonrest in Türkis
- Tonpapier in Rosa, ca. 6 cm x 12 cm

SOMMER/HERBST

Äpfel und Birnen
→ süße Früchte

1. Die Motive doppelt ausschneiden.
2. Das Satinband zwischen den zwei Papieren durch das Kerngehäuse durchführen.
3. Die Länge des Bandes zum Aufhängen überprüfen und Motiv deckungsgleich zusammenkleben.
4. Die Bandenden mit je zwei Perlen schmücken und mit einem Knoten sichern.

MOTIVGRÖSSE
Apfel, 7,5 cm x 10 cm
Birne, 7,5 cm x 12,5 cm

MATERIAL PRO MOTIV
- Tonkarton in Gelb, Rot, Grün bzw. Orange, A5
- Satinband in Gelb, 3 mm breit, ca. 40 cm lang
- 4 Holzperlen in Braun bzw. Natur, ø 5 mm bis 6 mm

VORLAGENBOGEN 2A

Weihnachtsbaum-Anhänger
→ in klassischen Farben

MOTIVGRÖSSE
ca. 8 cm x 8 cm und kleiner

MATERIAL
- Tonkarton in Gold, A3
- Tonpapier in Rot und Grün, A4
- Tonkarton in Rot, A5
- Elefantenhaut-Papier in Chamois, A6
- Kordel in Gold, ø 1,5 mm

GESCHENKANHÄNGER
- Tonpapierreste in Natur und Rot
- Elefantenhaut-Papierrest in Chamois, A6
- Kordel in Gold, ø 1,5 mm, ca. 15 cm lang

VORLAGENBOGEN 2A

1 Die Teile gemäß der Abbildung arbeiten. Spiegelbildliche Motive werden im Faltschnitt (s. Seite 3) gearbeitet.

2 Die aufgeklebten Motive werden doppelt ausgeschnitten und deckungsgleich auf Vorder- und Rückseite aufgeklebt.

3 Mit der Lochzange die Löcher für die Aufhängung stanzen.

4 Kordel einfädeln und in gewünschter Länge verknoten.

Tipp: Sie können die Motive auch als Geschenkanhänger arbeiten. Dafür z. B. ein Herz in Weiß und Rot ausschneiden. Faltschnitt aus Elefantenpapier arbeiten und auf das rote Herz aufkleben. Beide Herzen mit der Kordel zusammenhalten. Das weiße Herz können Sie jetzt mit Glückwünschen versehen.

WINTER/WEIHNACHTEN

MOTIV-GRÖSSE
Karte, C6

MATERIAL TANNENBAUM
- Doppelkarte in Blau, C6
- Tonkarton in Gold, A4
- Maulbeerpapier in Hellgrün, 8 cm x 10 cm
- Tonpapier in Blau, A6
- Kordel in Gold, ø 1,5 mm, 10 cm lang

STERNTALER
- Doppelkarte in Blau, C6
- Tonkarton in Gold, A5
- Tonpapierrest in Blau
- 4 Holzperlen in Natur, ø 5 mm bis 6 mm
- Satinband in Gelb, 3 mm breit, ca. 15 cm lang

VORLAGENBOGEN 2B

Sterntaler
→ Fröhliche Weihnachten

Tannenbaum

1 Den Baum aus goldenem Tonkarton ausschneiden und auf die Karte kleben.

2 Dann den kleinen Tannenbaum aus dem gesamten Deckblatt herausschneiden und mit Maulbeerpapier hinterkleben.

3 Vier kleine Sterne arbeiten und die Kordel durch die Löcher (Lochzange) und zwischen je zwei zusammengeklebten Sternen befestigen. Die Sterne versetzt aufeinander kleben.

4 Evt. ein Einlegepapier in Gold einlegen.

Sterntaler

1 Den Stern aus goldenem Tonkarton arbeiten und auf die Karte kleben.

2 Aus blauem Tonpapier das Mädchen und die Sterne ausschneiden und auf den Stern aufkleben.

3 Band mit Perlen anbringen und evtl. goldenes Papier einlegen.

WINTER/WEIHNACHTEN

Sterne überall

→ Weihnachtsgrüße

Kerze

1 Den Stern aus goldenem Tonkarton arbeiten und gemäß der Abbildung auf die Karte kleben.

2 Die Kerze und den kleinen Stern ausschneiden und auf den Stern aufkleben.

3 Kordel mit Perlen anbringen und evt. goldenes Papier einlegen.

Stern

1 Den Stern aus goldenem Tonkarton ausschneiden und auf die Karte kleben.

2 Dann den kleinen Stern aus dem gesamten Deckblatt herausschneiden und mit Maulbeerpapier hinterkleben.

3 Vier kleine Sterne arbeiten und die Kordel durch die Löcher (Lochzange) und zwischen je zwei zusammengeklebten Sternen befestigen. Die Sterne versetzt aufeinander kleben.

MOTIVGRÖSSE
Karte, C6

MATERIAL
KERZE
- Doppelkarte in Naturweiß, C6
- Tonkarton in Gold, A5
- 4 Holzperlen in Natur, ø 5 mm bis 6 mm
- Kordel in Gold, ø 1,5 mm, 15 cm lang

STERN
- Doppelkarte in Rot, C6
- Tonkarton in Gold, A5
- Maulbeerpapier, 8 cm x 8 cm
- Kordel in Gold, ø 1,5 mm, 20 cm lang

VORLAGEN-BOGEN 2A

Windlichter

→ für lange Winterabende

Schneemann

1 Transparentpapier gemäß Vorlagenbogen ausschneiden.

2 Den Scherenschnitt arbeiten und aufkleben.

3 Das Windlicht auf der Rückseite zusammenkleben und ein Teelicht in einem kleinen Glas hineinstellen.

Winterlandschaft

1 Den Tonkarton auf 11 cm x 33 cm zuschneiden und falten. Die Bildmitte ist 12 cm breit, d.h. an jeder Seite werden 11,5 cm abgeknickt, davon 0,5 cm für das Zusammenkleben (s. Vorlagenbogen).

2 Mit Hilfe des Geodreiecks® ein Passepartout mit einer Breite von 1,5 cm schneiden und mit Transparentpapier hinterkleben.

3 Den Scherenschnitt arbeiten und aufkleben.

4 Das Windlicht auf der Rückseite zusammenkleben und ein Teelicht in einem kleinen Glas hineinstellen.

Hinweis: Die Windlichter nicht unbeaufsichtigt brennen lassen!

MOTIVGRÖSSE
11 cm x 33 cm

MATERIAL SCHNEEMANN
- Transparentpapier in Weiß, A3
- Tonpapierrest in Blau
- Teelicht, kleines Glas

WINTERLANDSCHAFT
- Tonkarton in Blau, A3
- Transparentpapier in Weiß, 11 cm x 12 cm
- Tonpapierrest in Weiß
- Teelicht, kleines Glas

VORLAGENBOGEN 2B

WINTER/WEIHNACHTEN

WINTER/WEIHNACHTEN

Fensterschmuck
→ es weihnachtet sehr

Komet
→ Stall in Bethlehem

MOTIVGRÖSSE
ca. 21 cm x 21 cm

MATERIAL PRO STERN
- Tonkarton in Gold, A4
- Tonpapier in Blau, Grün bzw. Rot, A5
- Kordel in Gold, ø 1,5 mm, 50 cm lang

VORLAGENBOGEN 2B

MOTIVGRÖSSE
15 cm x 30 cm

MATERIAL
- Tonkarton in Weinrot, A4

VORLAGENBOGEN 2B

1 Die Sterne aus dem Tonkarton ausschneiden.

2 Aus Tonpapier die drei Motive doppelt schneiden und deckungsgleich auf Vorder- und Rückseite der Sterne aufkleben.

3 Die Kordel zum Aufhängen anbringen. Am Motiv Weihnachtsstern werden noch zwei kleine, rote Sterne mit Kordel befestigt.

Abbildung auch auf Seite 32. Scherenschnitt auf den Tonkarton übertragen und ausschneiden.

Tipp: Der Stern wirkt wunderbar als Fensterbild oder findet in jeder weihnachtlichen Dekoration, z. B. hinterklebt und beleuchtet, ein angemessenes Plätzchen.

Komet
Anleitung auf Seite 31.

DIESES BUCH ENTHÄLT 2 VORLAGENBOGEN

IMPRESSUM

FOTOS: frechverlag GmbH, 70499 Stuttgart; Fotostudio Ullrich & Co., Renningen
DRUCK: frechdruck GmbH, 70499 Stuttgart

Materialangaben und Arbeitshinweise in diesem Buch wurden von der Autorin und den Mitarbeitern des Verlags sorgfältig geprüft. Eine Garantie wird jedoch nicht übernommen. Autorin und Verlag können für eventuell auftretende Fehler oder Schäden nicht haftbar gemacht werden. Das Werk und die darin gezeigten Modelle sind urheberrechtlich geschützt. Die Vervielfältigung und Verbreitung ist, außer für private, nicht kommerzielle Zwecke, untersagt und wird zivil- und strafrechtlich verfolgt. Dies gilt insbesondere für eine Verbreitung des Werkes durch Fotokopien, Film, Funk und Fernsehen, elektronische Medien und Internet sowie für eine gewerbliche Nutzung der gezeigten Modelle. Bei Verwendung im Unterricht und in Kursen ist auf dieses Buch hinzuweisen.

Auflage: 5. 4. 3. 2. 1.
Jahr: 2008 2007 2006 2005 2004 [Letzte Zahlen maßgebend]

© 2004 frechverlag GmbH, 70499 Stuttgart

ISBN 3-7724-3258-1
Best.-Nr. 3258